W9-BBC-435

DAT

ORVILLE Y WILBUR WRIGHT

INVENTORES FAMOSOS

Ann Gaines

Traducido por Esther Sarfatti

Rourke Publishing LLC
Vero Beach, Florida 32964

© 2002 Rourke Publishing LLC

www.rourkepublishing.com

DERECHOS DE LAS FOTOGRAFÍAS
©Fotografías de archivo, Institución Smithsonian, Washington, D.C.

SERVICIOS EDITORIALES
Pamela Schroeder

Catalogado en la Biblioteca del Congreso bajo:

Gaines, Ann
    [Orville and Wilbur Wright. Spanish]
    Orville y Wilbur Wright / Ann Gaines ; traducido por Esther Sarfatti.
      p. cm. — (Inventores famosos)
    Includes bibliographical references and index.
    Summary: A simple introduction to the lives and work of the two brothers who invented the first engine-driven flying machine.
    ISBN 1-58952-178-1
     1. Wright, Orville, 1871-1948—Juvenile literature. 2. Wright, Wilbur,1867-1912—Juvenile literature. 3. Aeronautics—United States—Biography—Juvenile literature. [1. Wright, Orville, 1871-1948. 2. Wright, Wilbur, 1867-1912. 3. Aeronautics—Biography. 4. Spanish language materials.] I. Title: Orville y Wilbur Wright. II. Title.

TL540. W7 G2718 2001
629.13'092'2—dc21
[B]   2001041681

Impreso en EE. UU. — Printed in the U.S.A.

CONTENIDO

LOS HERMANOS WRIGHT Y SU INVENCIÓN

Durante miles de años, la gente ha mirado las aves y ha deseado volar. Wilbur y Orville Wright descubrieron cómo hacerlo. Construyeron el primer aeroplano con motor.

Otras personas habían volado ya con **globos de aire caliente** y **planeadores**. La máquina de los hermanos Wright no necesitaba aire ni viento. Su motor la mantenía en vuelo.

LOS HERMANOS WRIGHT APRENDEN A CONSTRUIR COSAS

Wilbur Wright nació el 16 de abril de 1867. Su hermano Orville nació el 19 de agosto de 1871. Sus padres eran Susan y Milton Wright. Vivían en Dayton, Ohio.

Los niños creían que su madre podía arreglar cualquier cosa que se rompiera. La observaban y aprendieron a desmontar cosas. Les gustaba averiguar cómo funcionaban las máquinas.

Los hermanos Wright aprendieron a arreglar cosas observando a su madre.

Los hermanos aprendieron a construir bicicletas. En 1896, abrieron la Compañía de Bicicletas Wright. Fabricaron una bicicleta llamada la Especial Wright. Vendían las Especial Wright a $18 cada una.

Querían hacer algo nuevo. Al igual que mucha gente a finales del siglo XIX, querían inventar una máquina voladora. Observaban las aves y trataban de comprender el mecanismo del vuelo.

Mucha gente poseía bicicletas hechas por la Compañía de Bicicletas Wright.

LOS PRIMEROS PLANEADORES

Los Wright construyeron un planeador. Volaba como una cometa. Los hermanos podían ver cómo volaba, pero no podían dirigirlo. Se estrelló cuando intentaron hacerlo girar.

Inventaron la manera de dirigir el planeador. La idea se les ocurrió observando cómo las aves giran al volar. Para hacer girar el planeador, los Wright doblaban los bordes de las alas para arriba y para abajo.

En septiembre de 1900, los hermanos Wright probaron su nuevo planeador. Lo hicieron volar en un lugar donde hacía mucho viento, cerca de Kitty Hawk, Carolina del Norte. Wilbur lo pilotó durante unos segundos. El resto del tiempo lo hicieron volar como una cometa. Algunas veces subía y giraba. Otras veces se estrellaba en las dunas de arena. Los hermanos Wright regresaron a Ohio para construir un planeador mejor.

Los hermanos probando su planeador

En julio de 1901, regresaron a Kitty Hawk. Su nuevo planeador era lo bastante estable como para volar con un **piloto**. Wilbur ascendió sobre la playa más de 300 pies (90 m). Entonces trató de girar el planeador. Se detuvo en el aire y cayó.

Los hermanos siguieron intentándolo. En 1902, añadieron una cola especial a su planeador. La cola lo mantenía estable en el aire al girar.

El planeador de los hermanos Wright con un piloto

CONSTRUCCIÓN DE LA MÁQUINA VOLADORA

Los Wright estaban listos para hacer una máquina voladora. Construyeron un avión con dos juegos de alas, llamado **biplano**. Tenía un motor de gasolina en el ala inferior. Para dirigirlo, el piloto tenía que echarse sobre el ala inferior. Los hermanos llamaron a su invento "El Volador".

¡VUELA!

Decidieron a cara o cruz quién sería el primer piloto y ganó Wilbur. El 14 de diciembre de 1903, se hizo al vuelo. El motor **se paralizó**. El avión cayó en tierra tras sólo tres segundos.

El 17 de diciembre de 1903, le llegó el turno a Orville. ¡Consiguió volar! Permaneció en el aire durante 12 segundos. Voló más de 100 pies (30 m). Fue el primer vuelo dirigido en un avión con motor.

A lo largo de los años, Wilbur y Orville estrellaron muchos aviones.

RECORDANDO A LOS HERMANOS WRIGHT

Los hermanos Wright siguieron mejorando su aeroplano. Pronto pudieron volar cientos de millas. En 1912, Wilbur murió. Tres años más tarde, Orville vendió su compañía de aeroplanos. En el momento en el que él murió, en 1948, la gente podía volar a casi cualquier parte del mundo.

Se puede aprender más cosas sobre los hermanos Wright en el Museo Nacional del Aire y del Espacio de Washington, D.C., y en el Parque Nacional Kill Devil Hills de Carolina del Norte.

FECHAS IMPORTANTES PARA RECORDAR

1867   Nació Wilbur Wright (16 de abril)

1871   Nació Orville Wright (19 de agosto)

1896   Se creó la Compañía de Bicicletas Wright

1900   Probaron el planeador sin piloto en
        Kitty Hawk

1901   Probaron el planeador con piloto en
        Kitty Hawk

1903   Primer vuelo dirigido por un piloto en un
        avión con motor

1912   Muerte de Wilbur Wright (30 de mayo)

1948   Muerte de Orville Wright (30 de enero)

GLOSARIO

biplano — un avión con dos juegos de alas, uno sobre el otro

globos de aire caliente — enormes bolsas llenas de aire caliente que flotan, llevando personas debajo en una cesta

piloto — la persona que dirige un avión

planeadores — aeroplanos sin motor que se mantienen en el aire por acción del viento

se paralizó — se detuvo de repente

ÍNDICE

Lecturas recomendadas

Beyer, Robert. *Into the Air: The Story of the Wright Brothers and the First Flight*.
Silver Whistle, 2001
Freedman, Russell. *The Wright Brothers: How They Invented the Airplane.* Holiday
House, 1991

Páginas Web recomendadas

• www.gardenofpraise.com/leaders.htm

Acerca de la autora

Ann Gaines es autora de muchos libros de divulgación para niños. También ha trabajado como investigadora en el Programa de Civilización Americana de la Universidad de Texas.